Gisela Allkemper • Illustrationen von Heike Herold

# katerfrühstück

**Rezepte und Tipps für den Morgen nach der Party**

**Hölker Verlag**

5
ISBN 3-88117-594-6

Gestaltung: Heike Herold, Christiane Weismüller
Redaktion: Monika Römer, Gabriele Heßmann
© 2003 Verlag W. Hölker GmbH, Münster

Printed in China

# INHALT

# APROPOS KATER

Kater? Was ist denn ein Kater? Wenn Sie einmal eine Umfrage in der Fußgängerzone starten würden, bekämen Sie sicherlich interessante Antworten: Die einen sagen todernst: "Na, ein Kater ist ein männliches Haustier, das man nicht reizen soll. Bei Ärger fährt es seine Krallen aus und faucht böse. Es kann aber auch lieb buckeln und sanft schnurren." Die anderen grinsen breit und wissen: "Ein Kater, das ist der Zustand am Tag danach, nach einer durchtanzten und durchzechten Nacht."

Wo aber hat letztere Definition ihren Ursprung? In dieser Frage ist man sich in Fachkreisen uneins. Ist der Begriff etwa dem Tierreich entlehnt, quasi eine lebensnahe "Metapher"? Wenn etwa nach einer Party jedes Geräusch wie bei einem liebestollen Kater das große Jammern auslöst, und sich der Schmerz wie spitze Katerkrallen in den Kopf bohrt, ist diese Herleitung sicherlich die plausibelste. Zudem entstammen auch in vielen anderen Sprachen die einschlägigen Begriffe und Umschreibungen für den "Tag danach" dem Tierreich. Oder hält man sich doch besser an das Wörterbuch der Gebrüder Grimm aus dem 19. Jahrhundert, demzufolge das Wort "Kater" gar nichts mit der männlichen Katze zu tun hat, sondern sich vielmehr vom Begriff "Katarrh" und dem entsprechenden Krankheitsbild – etwa Kopfweh, allgemeines Unwohlsein und Schnupfen – herleitet, und quasi in der "abgeschliffenen Form" (Katarrh –> Kater) seinen

Ursprung in der Studentensprache hat. In eben derselben wurden dann auch Formulierungen wie "seinen Kater spazieren führen" und "einen Kater ausführen" geprägt. Über diese Redensarten soll der Begriff schließlich Eingang in den allgemeinen Sprachgebrauch gefunden haben. Auch der Begriff "Katzenjammer" hat, so wird von der gleichen Etymologenfraktion angenommen, seine Wurzeln in der Akademikersprache des 19. Jahrhunderts. Ganz treffend lässt er sich als metaphysische Begleiterscheinung der körperlichen Nachwirkungen einer durchzechten Nacht definieren, äußert er sich doch häufig in diversen Abstufungen auf einer Skala zwischen diffusen Selbstvorwürfen und allumfassendem Weltschmerz. Was immer Sie glauben, machen Sie Ihrem Kater mit den folgenden Tipps und Rezeptideen Beine!

Gutes Gelingen,
Ihre

*Gisela Allkemper*

# ANTI-KATER-TIPPS

Feiern ohne Reue – gibt es das? Stellt sich am nächsten Morgen nicht fast zwangsläufig der berühmte "Kater" ein? Zu viel Alkohol, zu viel Nikotin – aktiv oder passiv –, zu wenig Schlaf. Der Schädel brummt, Mund und Zunge kleben vor Trockenheit und haben einen schalen Geschmack, die Augen brennen und der Magen revoltiert.

Um all diese lästigen Folgen möglichst gering zu halten, gibt es ein paar Standardtipps:

- Trinken Sie Alkohol nie auf nüchternen Magen. Essen Sie vor der Party (in Maßen) fettreiche Speisen, z.B. Ölsardinen, Oliven in Öl, Aal, Pasta "Aglio e olio" oder Ähnliches. Ihre "eingeölten" Magenwände danken es Ihnen. Sie verlangsamen die Aufnahme und Verarbeitung des Alkohols im Blut. Doch Vorsicht: Zu viel Fett belastet die eh schon strapazierte Leber noch zusätzlich.
- Trinken Sie möglichst nicht verschiedene Alkoholsorten durcheinander.
- Da Alkohol dem Körper Wasser und Mineralstoffe entzieht, sollten Sie zwischendurch (und auch nach der Feier) viel Mineralwasser ohne Kohlensäure trinken. Leitungswasser tut es auch.
- Gastgeberinnen/Gastgeber sollten verschiedene "katerfreundliche" Snacks anbieten wie Kartoffelchips, Salzgebäck, Nachos, Tapas,

Dips, Oliven oder Nüsse. Essen Sie zwischendurch von den bereit gestellten Knabbereien.

- Verlegen Sie das Rauchen nach draußen.
- Nach der Party – vor dem Zu-Bett-Gehen – wirken Aspirin plus C oder ein Alka Seltzer als Betthupferl wahre Wunder.
- Geben Sie sich trotz aller Müdigkeit einen Ruck und putzen Sie sich die Zähne bzw. schminken Sie sich gründlich ab. Der erste Blick in den Spiegel am nächsten Morgen hebt sowieso nicht gerade das Wohlbefinden.
- Bleiben Sie nicht zu lange im Bett und machen Sie einen Spaziergang oder Turnübungen an der frischen Luft. Ausgiebiges Hin-und-her-Wälzen verschlimmert nur alles.
- Halten Sie sich möglichst den ganzen Tag im Freien auf, machen Sie lange Spaziergänge und atmen Sie tief durch. Das belüftet nicht nur Ihre Lunge, sondern regt auch den Kreislauf an.
- Sollte ein Spaziergang beim besten Willen nicht möglich sein, dann halten Sie sich wenigstens in einem gut gelüfteten und nicht zu warmen Zimmer auf.
- Leiden Sie trotz aller Vorsichtsmaßnahmen unter Übelkeit, Schwindel und "dickem Kopf", so versuchen Sie zunächst Abhilfe zu schaffen, indem Sie sich einen Eisbeutel auflegen. Durch die Kälte verengen sich die Blutgefäße, was die Kopfschmerzen lindert.
- Dazu immer wieder viel Wasser oder vitaminreiche Säfte trinken, damit der durch den Alkohol verursachte Flüssigkeitsverlust ausgeglichen wird.
- Manche Nimmersatte schwören auf eine "neue Dosis" Alkohol, z.B. einen Magenbitter oder ein abgestandenes Bier.
- Aber ein gezieltes Katerfrühstück bekämpft mit Sicherheit die morgendliche Übelkeit. Rezepte dazu finden Sie in diesem Buch. Dabei gilt: Langsam mit dem Essen beginnen und sich dann steigern!
- Und wenn das alles nichts hilft: Greifen Sie wiederum zu einem Aspirin plus C oder Alka Seltzer, in reichlich Wasser aufgelöst.

# ALKOHOL? – NEIN, DANKE!

Mit den folgenden Rezepten wird der Kater auf eher sanfte Art verscheucht. Sie sind jeweils für ein großes Longdrinkglas berechnet, können aber selbstverständlich auch für mehrere Personen zubereitet werden. Dazu einfach die Mengen entsprechend erhöhen.

## Virgin Mary

- 2 Spritzer Zitronensaft
- 2 Spritzer Worcestersauce
- 1 Spritzer Tabascosauce
- 1 Prise Selleriesalz
- 1 Prise frisch gemahlener Pfeffer
- 10 cl gekühlter Tomatensaft
- nach Belieben 1 Stück Stangensellerie

Den Zitronensaft, Worcester-, Tabascosauce und Gewürze in einem Longdrinkglas verrühren. Den Tomatensaft dazugießen, nochmals gut durchrühren und den Drink nach Belieben mit dem geputzten Selleriestück garnieren.

# Eskimos Liebe

- *4 cl Himbeersaft*
- *4 cl Johannisbeersaft*
- *fein zerstoßenes Eis*
- *rote Limonade (Regina) zum Auffüllen*
- *nach Belieben etwas Zucker und 1 Johannisbeerrispe*

Die Säfte vermischen. Ein Longdrinkglas zu 1/4 mit zerstoßenem Eis füllen. Die Säfte darüber gießen und mit der roten Limonade auffüllen. Vorsicht, der Drink schäumt leicht über! Nach Belieben das Glas mit einer in Zucker gewendeten Johannisbeerrispe garnieren.

# Tomato Cocktail

- *5 cl Tomatensaft*
- *1 Spritzer Tabascosauce*
- *1 Spritzer Tomatenketchup*
- *2 Tropfen Zitronensaft*
- *1 Spritzer Worcestersauce*
- *Selleriesalz*
- *einige Eiswürfel*

Alle Zutaten in einem Cocktail-Shaker gut schütteln. In ein Sektglas gießen und mit einem Trinkhalm servieren.

# Trauben-Zitronen-Drink

- 1–2 EL Zitronentee (Instant)
- 4 cl frisch gepresster Traubensaft
- 1 TL Traubenzucker
- 3–4 Weintrauben

Den Zitronentee mit 200 Millilitern heißem Wasser übergießen und abkühlen lassen. Danach mit Traubensaft und -zucker im Cocktail-Shaker schütteln und in ein Longdrinkglas gießen. Die Weintrauben auf einen Trinkhalm spießen und in das Glas stellen.

# Goldener Vitaminstoß

- 4 cl ungesüßter Holunderbeersaft
- 4 cl Orangensaft
- 1/2 TL Grenadinesirup
- Bitter-Orange zum Auffüllen

Den Holunderbeersaft mit dem Orangensaft und dem Grenadinesirup in einem Longdrinkglas verquirlen. Mit gut gekühlter Bitter-Orange auffüllen.

# Sanddorn-Milchmix

- *2 EL Sanddornsaft oder -sirup*
- *1/4 l Milch*
- *1 EL Vanillezucker*

Alle Zutaten gut verquirlen und in ein Longdrinkglas füllen.

# Zitronen-Honig-Drink

- *1/2 TL Honig*
- *Saft von 1/2 Zitrone*
- *125 g Joghurt*
- *einige Eiswürfel*

Den Honig in einer kochend heiß ausgespülten Tasse leicht erwärmen. In einer Schale den Zitronensaft mit dem Joghurt verrühren. Den warmen Honig unter Rühren zufügen. Eiswürfel in ein Longdrinkglas geben, den Drink darüber gießen und sofort servieren.

# Johannisbeer-Orangen-Drink

- *5 cl roten Johannisbeersaft*
- *Saft von 1/2 Orange*
- *1/2 TL Zucker*
- *125 g Joghurt*

Alle Zutaten gut verquirlen und in einem Longdrinkglas servieren.

# Rhabarber-Drink

- *125 g Joghurt*
- *1/2 TL Zucker*
- *1 Prise Zimt*
- *8 cl frischer Rhabarbersaft*
- *2 EL geschlagene Sahne*

Joghurt, Zucker und Zimt vermischen. Den Rhabarbersaft unterrühren. In ein Longdrinkglas füllen und mit einem Sahnehäubchen versehen.

Sollte Ihnen der rohe Rhabarbersaft zu streng schmecken, dann kochen Sie den Saft mit etwas Zucker auf und seihen ihn ohne Druck durch ein Sieb.

# Mandel-Kirsch-Milch

- *1/8 l Sauerkirschsaft*
- *einige entsteinte Sauerkirschen*
- *10 g Marzipanrohmasse*
- *etwas Rumaroma*
- *1/8 l Milch*
- *2 EL geschlagene Sahne*

Im Mixer alle Zutaten außer der Sahne cremig rühren, in ein Longdrinkglas füllen und mit einem Sahnehäubchen garnieren.

# Tomatenmilch

- 1/8 l Tomatensaft
- 1 EL Zitronensaft
- 1/4 l Milch
- Selleriesalz
- Lemonpepper

Alle Zutaten gut verquirlen und
in ein Longdrinkglas füllen.

# Pfefferminz-Erfrischung

- 8 cl Orangensaft
- 4 cl Zitronensaft
- 8 cl Grapefruitsaft
- 4 cl Pfefferminzsirup
- 1 dünne Scheibe Zitrone
- etwas Kakaopulver
- frische Minzblättchen

Die Zitrussäfte mit dem Pfefferminzsirup
vermischen und in ein Longdrinkglas füllen. Obenauf die Zitronenscheibe legen
und mit etwas Kakaopulver bestreuen.
Mit den Minzblättchen am Rand garnieren. Einen Trinkhalm durch die Zitronenscheibe stoßen und den Drink servieren.

# MEHR ALKOHOL?
# WENN'S SEIN MUSS!

Die Rezepte in diesem Kapitel sind für 1 Person berechnet. Ausnahmen bilden z.B. die Bowlen, die man am besten in größeren Mengen zubereitet. Bei ihnen ist die entsprechende Personenzahl angegeben.

## kater-kaffee

- *2 Zitronenscheiben*
- *1 EL Obstler*
- *1 EL Kaffeepulver*
- *Zucker nach Belieben*

Die Zitronenscheiben in Stücke schneiden, in eine große, heiß ausgespülte Tasse legen und mit dem Obstler übergießen. Einen passenden Tassenkaffeefilter mit passender Filtertüte auf die Tasse setzen, das Kaffeepulver hineingeben und mit kochend heißem Wasser überbrühen. Nach Belieben süßen.

🐾 Dieser Kaffee eignet sich nicht für Menschen mit sensiblem Magen. Aber sonst beruhigt er den Kater bei jedem, der an einer Untersäuerung des Magens krankt.

# kater-frater

- *Saft von 1/2 Zitrone*
- *2–3 Eisstücke*
- *Bier*
- *Sodawasser*

Zitronensaft und Eis in ein hohes Becherglas gießen und zu gleichen Teilen mit Bier und Soda auffüllen.

🐾 Dieses Getränk ist ein sehr guter Durstlöscher!

# Prairie Oyster

- *2 TL Worcestersauce*
- *1 Eigelb*
- *2 TL Tomatenketchup*
- *Salz*
- *1 Prise Zucker*
- *frisch gemahlener Pfeffer*
- *Paprikapulver*
- *3 Spritzer Zitronensaft*
- *1/2 TL Weinbrand*
Außerdem:
- *1 Glas stilles Mineral-wasser*

In eine flache Sektschale die Worcestersauce geben. In die Mitte darauf vorsichtig das hohe Eigelb gleiten lassen. Darum herum den Ketchup gießen. Mit Salz, Zucker, Pfeffer und Paprika würzen. Zitronensaft und Weinbrand darüber gießen. Den Drink, ohne umzurühren, in einem Schluck trinken und das extra servierte Glas Wasser sofort danach leeren.

🐾 Für eine antialkoholische Variante des Klassikers den Weinbrand durch Olivenöl ersetzen.

# Champagner-Cocktail

- *Saft von 2 Orangen*
- *2 cl Cointreau*
- *2 cl Weinbrand*
- *2 cl Gin*
- *2 cl Martini dry*
- *Sekt zum Auffüllen*

Alle angegebenen Zutaten ohne den Sekt mixen, in Sektschalen gießen, mit dem gut gekühlten Sekt auffüllen und sofort servieren.

# Bull Shot

Zu diesem Drink gehört unbedingt eine eisgekühlte Consommé, das heißt eine entfettete, kräftige Hühner- oder Rinderbrühe.

- *2 Spritzer Zitronensaft*
- *1 Spritzer Worcestersauce*
- *1 Prise Selleriesalz*
- *frisch gemahlener Pfeffer*
- *etwas Tabascosauce*
- *4 cl Wodka*
- *10 cl Consommé*
- *Eiswürfel*

Zitronensaft mit Worcestersauce und den Gewürzen verrühren. Mit Wodka, Consommé und Eiswürfeln in ein Longdrinkglas gießen und sofort servieren.

🐾 Die Eiswürfel können statt aus Wasser auch aus geeister Consommé bestehen.

# katergift

- 2 TL Zucker
- 4 cl Sherry
- 1 Spritzer Angostura
- Eiswürfel

Alle Zutaten verrühren und in einem kleinen Glas mit Eiswürfeln servieren.

🐾 Dieser Drink macht seinem Namen alle Ehre.

# Bloody Mary

- 2 Spritzer Zitronensaft
- 2 Spritzer Worcestersauce
- 1 Spritzer Tabascosauce
- 1 Prise Selleriesalz
- 1 Prise frisch gemahlener Pfeffer
- 4 cl eisgekühlter Wodka
- 10 cl gekühlter Tomatensaft
- nach Belieben 1 Stück Stangensellerie

Zitronensaft, Worcester-, Tabascosauce und Gewürze in einem Longdrinkglas verrühren. Wodka und Tomatensaft dazugeben. Den Drink gut durchrühren und nach Belieben mit der geputzten Selleriestange garnieren.

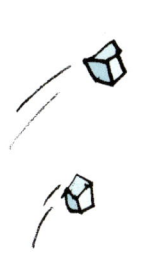

# Sputnik

- *2 cl Whisky*
- *2 cl Weinbrand*
- *2 cl Wodka*
- *2 EL zerstoßenes Eis*
- *Sangrita zum Auffüllen*
- *1 Prise Cayennepfeffer*

Whisky, Weinbrand und Wodka in einen Cocktail-Shaker füllen und gut schütteln. In ein hohes Becherglas gießen und das zerstoßene Eis zugeben. Mit Sangrita auffüllen, mit Cayennepfeffer würzen und nochmals umrühren.

# Porto Flip

Flips nennt man Cocktails, die mit Eigelb zubereitet werden. Sie lassen den Kater kläglich abziehen.

- *4 cl roter Portwein*
- *1 cl Brandy*
- *1 frisches Eigelb*
- *1 TL Zucker*
- *2 cl Sahne*
- *einige Eiswürfel*
- *frisch geriebene Muskatnuss*

Alle Zutaten außer der Muskatnuss in einen Cocktail-Shaker füllen und gut schütteln. In ein großes Glas gießen und mit etwas Muskat bestäuben.

# kikeriki

- 2–3 Eiswürfel
- 8 cl trockener Mosel-
  wein
- 8 cl Portwein
- 8 cl Mineralwasser

Alle Zutaten in einem Longdrinkglas vermischen und gut gekühlt trinken.

🐾 Sie können den Wein auch durch Eier-
likör ersetzen.

# Bier-Bowle

Für 8 Personen
- 500 g Erdbeeren
- 3 EL Zucker
- 1 unbehandelte Zitrone
- 1 TL Vanillezucker
- 2 Flaschen trockener
  Weißwein
- 1/2 l Pils
- nach Belieben einige
  Blättchen Zitronen-
  melisse

Die Erdbeeren waschen, putzen und mit
Zucker bestreuen. Zitrone spiralenförmig
in einem Stück schälen. Die Frucht hal-
bieren und auspressen. Saft, Schale und
Vanillezucker zu den Früchten geben.
Mit 1 Flasche Wein aufgießen und kühl
stellen. Vor dem Servieren die 2. Flasche
Wein sowie das Bier dazugießen. Nach
Belieben mit Zitronenmelisse dekorieren.

🐾 Anstelle von Pils kann man auch Altbier
verwenden und die Erdbeeren durch in
Stücke geschnittene Pfirsiche ersetzen.

# Vampir-killer

Dieser Katerkiller ist nur für total "Kaputte"geeignet, aber er hilft tatsächlich.

- *1 cl Fernet Branca*
- *1 cl Vermouth rosso*
- *3 cl Gin*
- *Eiswürfel*

Alle Zutaten in einen Cocktail-Shaker füllen, gut schütteln, in ein Becherglas seihen und servieren.

# Cidre-Cocktail

Für 8 Personen
- *1 kleine Dose Ananas*
- *6 cl Calvados*
- *2 Flaschen Cidre*
- *4 cl Weinbrand*
- *Saft von 3 Orangen*
- *4 cl Cointreau*
- *Eiswürfel nach Belieben*

Die Ananas in einem Sieb gut abtropfen lassen und dann mit dem Mixstab pürieren. In einem Becherglas mit den übrigen Zutaten vermischen, umrühren und gut gekühlt trinken. Nach Belieben auf Eis servieren.

# krambambuli

Während die Bier-Bowle (siehe Rezept S. 21) im Sommer sehr erfrischend schmeckt, wärmt Krambambuli im Winter ordentlich auf.

Für 8 Personen
- 1 EL Rosinen
- 1 EL entkernte Datteln
- 1 EL gemischtes Trockenobst
- 1 l starker schwarzer Tee
- Saft von 2 Orangen und 2 Zitronen
- 2 Flaschen Weißwein
- 1 Zuckerhut
- 200 ml Rum (54 Vol.-%)

Die Früchte fein würfeln. In einen Feuerzangen-Bowlentopf geben, mit Tee, Säften und Wein auffüllen und langsam auf dem Herd erhitzen, aber nicht kochen lassen. Von da an am Tisch "weiterarbeiten": Einen Rechaud anzünden, den Topf darauf stellen und den Zuckerhut auflegen. Diesen mit Rum tränken und anzünden. Sobald der Zuckerhut vollständig geschmolzen ist, die Zange wegnehmen, das Getränk umrühren und sofort in feuerfeste Gläser füllen. Heiß servieren und genießen.

# GIB DEM KATER SAURES

Saure Speisen und Getränke gehören zu den wichtigsten Katerkillern, weil sie helfen, den Salzhaushalt wieder in Ordnung zu bringen. Hier finden Sie neben den Klassikern noch einige neue Ideen.

## Eingelegte Tomaten

- *250 g getrocknete Tomaten*
- *1 Knoblauchzehe*
- *6 EL kaltgepresstes Olivenöl*
- *3 EL Balsamico-Essig*
- *1 Zwiebel*
- *1 TL grüner Pfeffer*
- *1 Prise Zucker*
- *1 TL rosa Pfefferbeeren*
- *je 1 EL gehackte Petersilie, Schnittlauch, Basilikum, Rosmarin und Zitronenthymian*

Die Tomaten in eine Schüssel legen und mit kaltem Wasser bedecken. 4 Stunden wässern, dabei das Wasser mehrfach wechseln. Da getrocknete Tomaten unterschiedlich intensiv eingesalzen sind, sollte man nach etwa 2–3 Stunden eine Probe kosten.

Inzwischen den Knoblauch schälen und fein hacken. Mit den übrigen Zutaten sowie 3 Esslöffeln Wasser zu einer Marinade verrühren. Tomaten abtropfen lassen und mit der Sauce vermischen. 2 Tage ziehen lassen, währenddessen mehrfach mit der Marinade beträufeln.

🐾 Sollten die Tomaten zuviel Sauce aufsaugen, noch etwas Dressing nachbereiten.

# Eingelegte Bratheringe/Salzheringe

Für diesen Evergreen unter den Katerkillern werden die Heringe
2 Tage im voraus gebraten und in einen sauren Sud eingelegt. Kurz
vor dem Frühstück brauchen Sie die Heringe dann nur noch aus
dem Kühlschrank oder Keller zu holen und auf den Tisch zu stellen.
Bitten Sie den Fischhändler, die Heringe zwar pfannenfertig aus-
zunehmen, Kopf und Schwanz aber am Fisch zu belassen.

*• 4 pfannenfertige
  grüne Heringe
• Salz
• frisch gemahlener
  Pfeffer
• 2 EL Mehl
• 4 EL Speiseöl
Für die Marinade:
• 1 Möhre
• 2 Zwiebeln
• 2 EL Senfkörner
• 10 Pfefferkörner
• 2 Lorbeerblätter
• 1 TL Salz
• 1–2 EL Zucker
• 3/4 l Weißweinessig*

Die Heringe waschen und trockentupfen.
Innen und außen salzen und pfeffern,
dann im Mehl wenden. Öl in einer Pfanne
erhitzen und die Heringe darin von beiden Seiten braun braten.
Für die Marinade Möhre und Zwiebeln
putzen bzw. schälen und in hauchdünne
Scheiben schneiden. Das Gemüse mit
den übrigen Zutaten und 3/8 Litern Wasser aufkochen, vom Herd nehmen und
lauwarm abkühlen lassen. Heringe neben-
einander in eine Auflaufform legen und
mit der lauwarmen Marinade bedecken.

🐾 Auf die gleiche Weise können Sie auch
gut gewässerte, geputzte Salzheringe
einlegen. Sie sollten jedoch doppelt so
lange, also 4 Tage, ziehen.

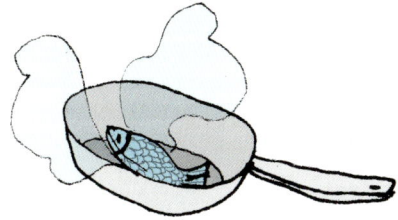

# Marinierte Pilze

- 1 kg Champignons
- 2 Bund Dill
- 1/2 l Essig
- 2 TL getrockneter Thymian
- 2 Lorbeerblätter
- 1 TL Salz
- 2–3 TL Korianderkörner
- 1 große Flasche Olivenöl

Die Pilze waschen und putzen, den Dill waschen, trockentupfen und abzupfen. 1 Liter Wasser, Essig und die Gewürze außer dem Koriander zum Kochen bringen. Pilze in den Sud einlegen und 15 Minuten bei mittlerer Hitze köcheln lassen. Danach im geschlossenen Topf abkühlen lassen. Den Sud abgießen, die Pilze in ein Einmachglas schichten und mit dem Koriander bestreuen. So viel Öl darüber gießen, dass die Pilze bedeckt sind. Fest verschließen und einige Tage ziehen lassen.

# Samba-Gurken

- 2 kg große Gurken
- 1 EL Salz
- 500 g Schalotten
- 1 TL gemahlene Muskatblüte
- 1 EL weiße Pfefferkörner
- 1 1/2 l Weinessig
- 125 g Zucker

Die Gurken schälen, in Streifen schneiden, salzen und etwa 3 Stunden ziehen lassen. Danach die Flüssigkeit abgießen und die Gurken trockentupfen. Die Schalotten schälen. In ein großes Einmachglas Gurkenstreifen abwechselnd mit Muskatblüte, Pfeffer und Schalotten schichten. In einem Topf den Essig mit 3/4 Liter Wasser und Zucker aufkochen, abkühlen lassen. Die Gurken damit bedecken und einige Tage gut verschlossen durchziehen lassen.

# Sauer eingelegtes Gemüse

- *1,5 kg Gemüse nach Wahl (z.B. Möhren, Staudensellerie, Zwiebeln, Blumenkohl und grüne Bohnen)*
- *3 Knoblauchzehen*
- *Basilikum und Thymian nach Belieben*
- *1 Flasche trockener Weißwein*
- *1/2 l Brühe*
- *150 ml Öl*
- *Saft von 4 Zitronen*
- *Salz*
- *Zucker*
- *2 Lorbeerblätter*
- *Oregano*
- *je 1 TL Senfkörner und Koriander*

Das Gemüse schälen bzw. putzen und in mundgerechte Stücke schneiden. Knoblauchzehen schälen und halbieren. Die Kräuter waschen, trockentupfen, die Blättchen abzupfen und fein hacken. In einem Topf reichlich Wasser zum Kochen bringen und das Gemüse darin bissfest garen. Herausheben und abkühlen lassen. Alle übrigen Zutaten in einem zweiten Topf zum Kochen bringen und einige Minuten bei mittlerer Hitze köcheln lassen. Das Gemüse lagenweise in ein großes Einmachglas schichten und vollständig mit dem Sud bedecken. Mindestens 3 Tage ziehen lassen.

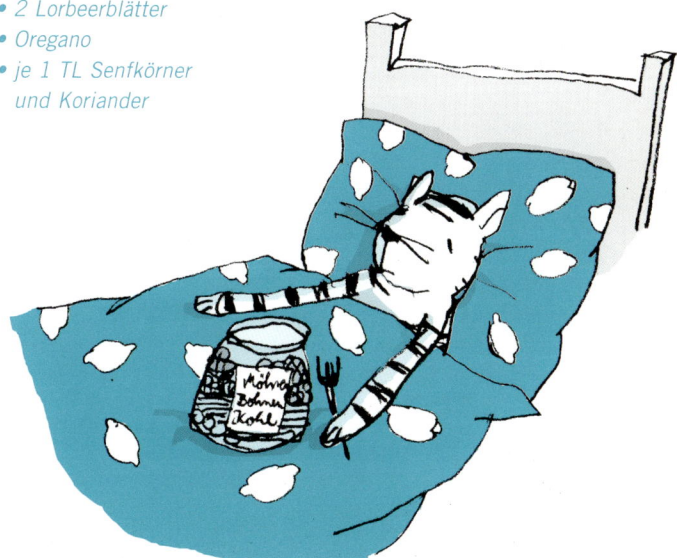

# BESÄNFTIGE DAS KATZENVIECH MIT MATJES

Matjes gehört zu den klassischen Katerkillern. In diesem Kapitel wird vorgeschlagen, ihn zum Katerfrühstück mit diversen Beilagen und Saucen zu servieren.

## Matjes in Begleitung

Wenn Ihr Magen oder der Ihrer Gäste sich danach sehnt, herzhaft und gehaltvoll zu speisen, dann ist eine Platte mit Matjes oder Matjesfilets gerade der richtige Katerkiller. Legen Sie eine große Servierplatte mit grünen Salatblättern (z. B. Romanablättern) aus und richten Sie die Matjesfilets mittig darauf an. Verteilen Sie auf dem Rand der Platte Schälchen mit verschiedenen Saucen (siehe nachfolgende Rezepte). Aber auch diverse Beilagen wie fein gewür- felte Zwiebeln oder Gürkchen und frisch gehackte Gartenkräuter passen gut zum Matjes. Servieren Sie dazu Vollkornbrot, Pumper- nickel und andere Brotsorten, gesalzene und ungesalzene Butter sowie Kräuterbutter. So kann sich jeder Kater-Geplagte seine Lieb- lingskombination zusammenstellen.

# Tatarensauce

- *2 Zwiebeln*
- *2 große Gewürzgurken*
- *2 EL Kapern*
- *1 hart gekochtes Ei*
- *125 g Mayonnaise*
- *125 g Magerjoghurt*
- *1 TL Senf*
- *etwas Gurkensud*
- *Zucker*
- *Salz*
- *frisch gemahlener Pfeffer*
- *1/2 Bund glatte Petersilie*

Die Zwiebeln schälen und wie Gurken, Kapern und Ei fein hacken. Aus Mayonnaise, Joghurt, Senf, Gurkensud, Zucker, Salz und Pfeffer eine cremige Sauce rühren und pikant abschmecken. Die Petersilie abbrausen und trockentupfen, die Blättchen abzupfen, fein hacken und unter die Sauce mischen.

Sie können zusätzlich einen geschälten, entkernten und klein geschnittenen Apfel untermischen.

# Himbeersahne

- *500 g frische Himbeeren*
- *1 Prise Zucker*
- *1/4 l Sahne*
- *1 Prise Salz*
- *etwas Saft und Schale von 1 Zitrone*

Die Himbeeren vorsichtig waschen und auf Küchenpapier abtropfen lassen. Mit dem Zucker bestreuen und ziehen lassen. Die Sahne steif schlagen, salzen, mit Zitronensaft und -schale aromatisieren. Die Hälfte der Himbeeren vorsichtig unter die Sahne heben, die übrigen Früchte darauf anrichten.

Variante: Statt Zitronensaft und -schale etwas frisch geriebenen Meerrettich unterheben.

# meerrettich-kaviar-Sahne

- *1/4 l Sahne*
- *1 Prise Salz*
- *Meerrettich nach Belieben*
- *1 Gläschen Forellenkaviar*
- *Zitronensaft zum Beträufeln*

Die Sahne steif schlagen, salzen und mit geriebenem Meerrettich nach Belieben mehr oder minder scharf würzen. In ein Schälchen füllen. Den Kaviar mit etwas Zitronensaft beträufeln und kurz vor dem Servieren auf der Sahne anrichten.

# Dänische Sauce

- *125 g saure Sahne*
- *2 cl Aquavit*
- *1 TL grob gemahlener Pfeffer*
- *Zitronensaft nach Belieben*
- *2 Eigelb*
- *1 TL scharfer Senf oder englisches Senfpulver*
- *1/8 l Speiseöl*
- *2 Bund Dill*
- *2 sauer eingelegte Gurken*
- *Salz*

Die Sahne in einer Schüssel mit Aquavit, Pfeffer und Zitronensaft würzen. In einer zweiten Schüssel die Eigelbe mit dem Senf oder Senfpulver schaumig schlagen. Unter ständigem Rühren langsam das Öl einlaufen lassen. Den Dill waschen, trockentupfen, abzupfen und sehr fein hacken. Die Gurken ganz fein würfeln. Dill und Gurken unter die Mayonnaise heben, salzen. Sahne-Aquavit-Mischung und Mayonnaise cremig verrühren und nochmals abschmecken.

Wer möchte, kann anstelle des Dills auch Schnittlauch verwenden. Dazu passt ein gut gekühlter Aquavit.

# BANN DEN KATZENJAMMER MIT EIERN

Für Mägen, denen zum Frühstück nicht gleich nach Fisch oder ähnlichem zumute ist, eignet sich vielleicht eher eine "Eierkur". In diesem Kapitel werden dazu ein paar Vorschläge aus den internationalen Küchen vorgestellt. – Der Kater dankt Ihnen die "Kur", indem er sich verzieht.

## Russische Eier

Landläufig versteht man unter "Russischen Eiern" hart gekochte, halbierte Eier, die pikant gefüllt und mit Kaviar garniert sind. Dies ist eine bekömmlichere Variante:

**Pro Person**
- Öl zum Braten
- 2 Eier
- Salz
- 2 Scheiben Räucherlachs
- 2 TL Kaviar
- etwas Kresse zum Garnieren

Das Öl in einer Pfanne mäßig erhitzen und die Eier hineinschlagen. Mit der Gabel verrühren und zu einem Rührei stocken lassen, salzen und auf einen Teller gleiten lassen. Den Lachs in Streifen schneiden. Rasch in der Pfanne erwärmen und zu den Eiern geben. Mit Kaviar und Kresse garnieren. Dazu Toastbrot oder dunkles Vollkornbrot reichen.

# Eier "Englische Art"

**Pro Person**
- *einige hauchdünne Scheiben Schinkenspeck*
- *2 Eier*
- *1 Tomate*
- *Butter*
- *Toastbrot*

Den Speck in der Pfanne kurz anbraten, die Eier darüber aufschlagen und bei geringer Hitze stocken lassen. Tomate waschen und am Pfannenrand leicht mitschmoren. Die Speckeier auf einen Teller gleiten lassen und die geschmorte Tomate daneben anrichten. Mit gebuttertem Toast servieren.

# Eier im Glas "Amerikanische Art"

**Pro Person**
- *1 Ei, weich gekocht, gepellt*

**Für die Sauce**
- *5 EL saure Sahne*
- *5 EL Mayonnaise*
- *Zucker*
- *1 Msp. Senf*
- *Salz*
- *frisch gemahlener Pfeffer*
- *1 Spritzer Zitronensaft*

Die Saucenzutaten im Wasserbad verrühren und erwärmen. Das noch warme Ei in ein Glas gleiten lassen, mit der Sauce überziehen und sofort servieren.

🐾 Sollte das Ei zu schnell abkühlen, kann man es im Glas erneut für 1 Minute in der Mikrowelle erwärmen.

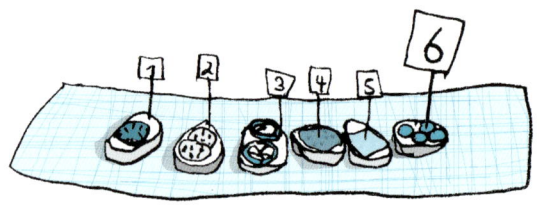

# VERKÜRZ DEN HANGOVER MIT BROT-SNACKS

Zu einem kompletten Katerfrühstückstisch gehört ein Brotkorb, der dekorativ hergerichtet ist und zahlreiche Sorten von Brot und Brötchen enthält. So können Sie und Ihre Gäste wählen, was jedem am ehesten bekommt. Dazu servieren Sie am besten verschiedene Brotaufstriche, die reiche Variationsmöglichkeiten bieten.

## kräuterquark

- 2 Zwiebeln
- 1 Knoblauchzehe
- 3 EL gemischte, gehackte Salatkräuter
- Salz
- frisch gemahlener Pfeffer
- 250 g Magerquark

Die Zwiebeln und den Knoblauch schälen und sehr fein hacken. Mit den übrigen Zutaten unter den Quark mengen und bis zum Verzehr kühl stellen.

🐾 Haben Sie wenig Zeit? Dann verrühren Sie den Quark doch einfach mit einer fertigen Salatkräuter-Mischung.

# Obatzda

- 250 g reifer Camembert
- 75 g streichfähige Butter
- 1 kleine Haushaltszwiebel
- 1 rote Zwiebel
- rosenscharfes Paprikapulver
- frisch gemahlener Pfeffer
- Salz
- 2 EL Bier
- 1 EL Schnittlauchröllchen

Den Camembert mit einer Gabel auf einem Teller zerdrücken und mit der Butter verkneten. Die Zwiebeln schälen. Die Haushaltszwiebel sehr fein hacken und die rote Zwiebel in hauchdünne Ringe schneiden. Die gehackte Zwiebel mit Paprika, Pfeffer und Salz unter den Käse arbeiten. Die Mischung mit dem Bier abschmecken. Mit roten Zwiebelringen und Schnittlauch garnieren.

🐾 Anstelle von Zwiebeln und Schnittlauch können Sie den Obatzda auch mit Kümmel garnieren.

# Tatar mit Kräuterlikör

- *500 g mageres Rindfleisch (z.B. aus der Oberschale)*
- *Salz*
- *frisch gemahlener Pfeffer*
- *Paprikapulver*
- *2 EL Sonnenblumenöl*
- *2 Eigelb*
- *1 EL Essig*
- *1 EL Rotwein*
- *2 EL Kräuterlikör*
- *2 Spritzer Tabascosauce*
- *1 TL Worcestersauce*
- *1 EL Kapern*

Für die Garnitur:
- *Zwiebelringe*
- *Sardellenröllchen*
- *Tomatenpaprika*
- *gehackte Petersilie*

Das Fleisch durch die feine Scheibe des Fleischwolfs drehen und mit den übrigen Zutaten verkneten. Auf einem Holzteller anrichten und mit Zwiebeln, Sardellen, Paprika und Petersilie garnieren.

# Amerikanischer Zwiebelkäse

- *500 g Frischkäse*
- *2 Becher saure Sahne oder Joghurt*
- *1/2–1 Päckchen Zwiebelsuppenpulver (Instant)*
- *Schnittlauchröllchen nach Belieben*

Den Frischkäse mit der sauren Sahne oder dem Joghurt cremig rühren. Das Zwiebelsuppenpulver untermengen. Mindestens 2 Stunden durchziehen lassen. Nach Belieben mit Schnittlauchröllchen bestreut servieren.

# Rhabarber-Chutney

- *1 kg Rhabarber*
- *250 g Zwiebeln*
- *250 g Rosinen*
- *1 EL Senfkörner*
- *1/2 TL Ingwerpulver*
- *1/4 TL Zimtpulver*
- *1 TL frisch gemahlener weißer Pfeffer*
- *1 TL Salz*
- *3/8 l Weinessig*
- *750 g Zucker*

Den Rhabarber putzen und in kleine Stücke schneiden. Die Zwiebeln schälen und fein würfeln. Alle Chutney-Zutaten, mit Ausnahme des Zuckers, in einem Topf zum Kochen bringen und 10 Minuten bei geringer Hitze köcheln lassen. Unter Rühren den Zucker einrieseln lassen. Den Brei in etwa 1 Stunde dick einkochen lassen. In heiß ausgespülte Einmachgläser füllen und fest verschließen.

🐾 Das Chutney schmeckt besonders gut, wenn man es auf einer mit Quark bestrichenen Brotscheibe verteilt und mit Schnittlauchröllchen oder gehackter Brunnenkresse bestreut.

# Avocadopaste

- 1 große, sehr reife Avocado
- 2–3 Zwiebeln
- 2 hart gekochte Eier
- etwas Öl
- etwas Zitronensaft
- Salz
- frisch gemahlener Pfeffer
- Schnittlauchröllchen

Die Avocado halbieren, den Kern entfernen, das Fruchtfleisch herauslösen und mit einer Gabel zerdrücken. Zwiebeln schälen und fein würfeln. Eier pellen und fein hacken. Zwiebeln und Eier mit der Avocado und den übrigen Zutaten verkneten. Mit Schnittlauchröllchen bestreut servieren.

🐾 Da sich das Avocadofleisch sehr rasch verfärbt, sollte die Creme erst kurz vor dem Servieren zubereitet werden.

# Orangenmarmelade

- 1 kg unbehandelte Orangen
- 1 kg Gelierzucker
- 1 TL Vanillezucker

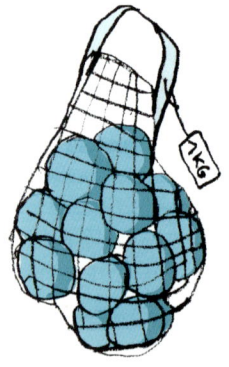

2 Orangen heiß waschen. Die Schale hauchdünn abschälen und in feine Zesten schneiden. Alle Früchte so schälen, dass die weiße Innenhaut komplett entfernt ist. Das Fruchtfleisch aller Orangen fein würfeln und mit Zesten, Gelierzucker und Vanillezucker in einen Topf füllen. Zum Kochen bringen und 4 Minuten sprudelnd kochen lassen. Die Zesten in der Marmelade belassen. In heiß ausgespülte Einmachgläser füllen, gut verschließen und abkühlen lassen.

🐾 Man kann nach Belieben den Saft von 1 Zitrone hinzufügen.

# Toastvariationen

Bestreichen Sie getoastete Brotscheiben nach Belieben dünn mit Mayonnaise und überbacken Sie diese mit folgenden Belägen:

- *Salami, Spargelköpfe, Mozzarella*
- *Tomatenscheiben, Spiegelei, Gouda*
- *Bratenaufschnitt, Tomatenscheiben, Schafskäse, Kräuter der Provence*
- *Schinkenwürfel, Zwiebelwürfel, geschmorte Pilze, geschälte Orangenscheiben oder -stücke, dänischer Steppenkäse*

# Gefüllte Brötchen

Wenn Sie ein Katerfrühstücksbuffet für Gäste vorbereiten, sollten Sie neben dem üblichen Toaster, falls vorhanden, einen kleinen Grilltoaster einsetzen. Mit ihm lassen sich herrliche Brote zaubern – einfach unter den Grill schieben und überbacken.

Halbieren Sie kleine längliche Brötchen längs und höhlen Sie sie aus. Füllen Sie die Brötchen nach Belieben mit folgenden Zutaten:

- *Schmelzkäse, mit Krabben vermengt*
- *Camembert, mit Paniermehl bestreut*
- *Ölsardinen, in Stücke geschnitten, mit Zwiebelwürfeln, Tomaten- stückchen und aufgeschnittenen Oliven vermischt, mit Raclettekäse oder Gouda belegt*
- *Schinken, in Streifen geschnitten, mit Champignons und Lauch- ringen vermischt, mit verquirltem Eigelb überzogen*

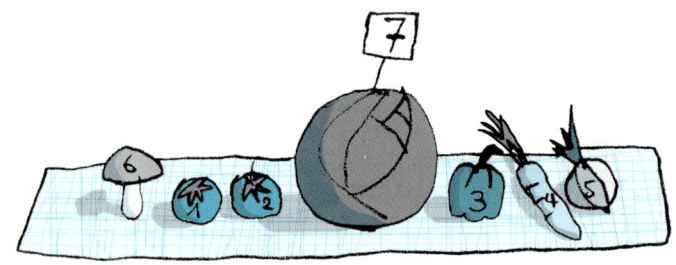

# BRING DEN KÖRPER MIT FRISCHEN SALATEN AUF TRAB

Herzhafte, erfrischende Salate – nicht zu gehaltvoll angemacht und nicht zu kühl serviert – können bei Leuten, die den absolut falschen Geschmack auf der Zunge haben, einiges bewirken. Die Salate in diesem Kapitel sind für 4 Personen berechnet.

## Salatbar

Nach dem Vorbild der amerikanischen Salatbuffets werden die Salatzutaten vorbereitet und in Schüsseln arrangiert, die Saucen werden separat in Schälchen dazu serviert. So kann sich jeder seinen Salatteller individuell zusammenstellen. Putzen und bereiten Sie z.B. folgende Zutaten mundgerecht vor: Eisbergsalat, Eichblattsalat, Fenchel, Paprikaschoten, Tomaten, Gurken, Radicchio, Radieschen, Möhren, Oliven, angebratene Schinkenwürfelchen, geröstete Croûtons, gehackte Kräuter, Zwiebelwürfelchen.
Das Vorbereiten dieser Zutaten sowie der Saucen können Sie schon am Vortag erledigen. Bewahren Sie die Salate in Plastiktüten, die Kräuter in Plastikbechern im Kühlschrank auf. Kurz vor dem Katerfrühstück bleiben dann nur noch einige Handgriffe zu tun: z.B. zusätzlich Schafskäse würfeln, Tomaten putzen, hart gekochte Eier

pellen und achteln, einige Krabben waschen und trockentupfen. Kurz vor dem Startschuss werden alle Zutaten in Schüsseln und Schälchen gefüllt und zu einem ansprechenden Buffet arrangiert.

# Vinaigrette

- *1 Zwiebel*
- *Salatkräuter nach Belieben (z.B. Schnittlauch, Petersilie, Basilikum)*
- *6 EL Olivenöl*
- *3 EL Wein- oder Balsamico-Essig*
- *1 Prise Zucker*
- *Salz*
- *frisch gemahlener Pfeffer*

Die Zwiebel schälen und fein würfeln. Kräuter waschen und trockentupfen, die Blättchen abzupfen und fein hacken. Das Olivenöl mit Essig und 3 Esslöffeln Wasser verrühren, Zucker, Salz, Pfeffer, Zwiebel und Salatkräuter einrühren.

🐾 Bei einer größeren Anzahl von Gästen das Rezept einfach verdoppeln oder verdreifachen.

# Thousand-Island-Dressing

- *125 g Mayonnaise*
- *2 EL Milch*
- *1 EL Kräuteressig*
- *1 EL Tomatenketchup*
- *1–2 EL Whisky*
- *Salz*
- *1 Prise Zucker*
- *frisch gemahlener Pfeffer*
- *je 2 Spritzer Worcester- und Tabascosauce*
- *1 Prise Paprikapulver*

Die Mayonnaise mit Milch, Essig, Ketchup und Whisky glatt rühren. Mit Salz, Zucker, Pfeffer, Worcester-, Tabascosauce und Paprika leicht scharf würzen.

# Grüne Sauce

- 1 Zwiebel
- Salatkräuter nach
  Belieben (z.B. Petersilie,
  Schnittlauch, Basilikum,
  Dill, Kresse)
- 125 g Crème fraîche
- etwas Sahne
- 1 EL Zitronensaft
- 1 TL Zucker
- Salz
- frisch gemahlener
  weißer Pfeffer

Die Zwiebel schälen und fein würfeln.
Die Kräuter waschen und trockentupfen,
die Blättchen abzupfen und fein hacken.
Die Crème fraîche mit Sahne und Zitronensaft glatt rühren. Mit Zucker, Salz
und Pfeffer würzen. Die Sauce mit Zwiebelwürfeln und so viel klein gehackten
Salatkräutern vermengen, dass sie eine
grüne Farbe erhält.

# Zitronen-Pfeffer-Sauce

- 125 g Crème fraîche
- 125 g Naturjoghurt
- abgeriebene Schale von
  1 unbehandelten Zitrone
- Saft von 1/2 Zitrone
- Salz
- 1 Prise Zucker
- ca. 1 EL grüner Pfeffer
- ca. 1 TL grob gestoßener
  schwarzer Pfeffer

Die Crème fraîche und den Joghurt glatt
rühren. Zitronenschale und -saft untermischen. Mit Salz und Zucker würzen.
Je nach gewünschter Schärfe der Sauce
mehr oder weniger grüne Pfefferkörner
und schwarzen Pfeffer zugeben. Zugedeckt gut durchziehen lassen.

# Shrimpssalat mit Minze

- *250 g Shrimps (in Lake)*
- *2 hart gekochte Eier*
- *200 g Feta*
- *1 Apfel und/oder 1 Orange*
- *1 Zwiebel*
- *3 EL Olivenöl*
- *3 EL weißer Balsamico-Essig*
- *2 EL Pfefferminzlikör*
- *Salz*
- *frisch gemahlener Pfeffer*
- *evtl. 1 TL grüner Pfeffer*
- *3 EL gehackte Minzeblätter*

Die Shrimps waschen und trockentupfen. Eier pellen und fein hacken. Feta würfeln. Apfel schälen, vom Kerngehäuse befreien und würfeln. Orange schälen, sorgfältig von der weißen Haut befreien, das Fruchtfleisch in Segmente teilen und ebenfalls würfeln. Die Zwiebel schälen und sehr fein hacken. Alle vorbereiteten Zutaten in einer großen Schüssel vermischen. Öl, Essig, 2 Esslöffel Wasser, Pfefferminzlikör, Gewürze und Kräuter zu einem pikanten Dressing verrühren. Über die Salatzutaten gießen, vorsichtig untermengen und gut durchziehen lassen.

# Anti-katzenjammer-Salat

- 6 Matjesfilets
- 2 rote Zwiebeln
- 4 Tomaten
- je 1 grüne und 1 rote Paprikaschote
- 1 kleine Fenchelknolle
- 125 g Naturjoghurt
- Saft und abgeriebene Schale von 1 unbehandelten Zitrone
- Zucker
- Salz
- Paprikapulver
- frisch gemahlener Pfeffer
- gehackte Salatkräuter nach Belieben
- Schnittlauchröllchen zum Garnieren

Den Salat am Vortag zubereiten: Die Matjesfilets in ca. 2 Zentimeter große Stücke schneiden. Zwiebeln schälen und in hauchdünne Scheiben schneiden. Tomaten waschen, vom Stielansatz befreien und vierteln. Paprikaschoten halbieren, von Stielansatz, Samen sowie Scheidewänden befreien und in Streifen schneiden. Fenchelknolle putzen und fein raspeln, Fenchelgrün abzupfen und fein hacken. Aus Joghurt, Zitronensaft und -schale, Gewürzen und Salatkräutern eine Sauce rühren. Den Fisch und das vorbereitete Gemüse lagenweise in ein hohes Einmachglas füllen. Dabei jede Lage mit der Sauce begießen. Über Nacht kühl stellen. Vor dem Servieren mit Schnittlauchröllchen bestreuen.

# Heringsstipp nach Hausfrauenart

- *8 Matjesfilets*
- *2 Äpfel*
- *2 Zwiebeln*
- *2 hart gekochte Eier*
- *20 g Kapern in Essig*
- *125 g Naturjoghurt*
- *125 g Crème fraîche*
- *2–3 EL Mayonnaise*
- *Dillessig*
- *Salz*
- *Zucker*
- *Pfeffer*

Den Heringsstipp am Vortag zubereiten:
Matjesfilets in 2–3 Zentimeter große
Stücke schneiden. Äpfel schälen, vom
Kerngehäuse befreien und würfeln.
Zwiebeln schälen und in dünne Ringe
schneiden. Eier pellen und fein hacken.
Kapern abbrausen und trockentupfen.
In einer Schüssel Joghurt, Crème fraîche,
Mayonnaise und Dillessig verrühren.
Eier und Kapern unterrühren. Mit Salz,
Zucker und Pfeffer würzen.
Matjes, Äpfel und Zwiebeln lagenweise
in eine Schüssel schichten und jede Lage
mit etwas Sauce begießen. Zugedeckt
über Nacht kalt stellen. Vor dem Kater-
frühstück den Heringsstipp mit zwei Ga-
beln vorsichtig auflockern und servieren.

# Feuriger katerkiller-Salat

- 1 Ring Fleischwurst mit Knoblauch
- 250 g Silberzwiebeln
- 250 g kleine Champignons (aus der Dose)
- 250 g Zigeunersauce
- 1 EL grüner Pfeffer

Die Fleischwurst häuten und in streichholzgroße Streifen schneiden. Die Silberzwiebeln und die Pilze gut abtropfen lassen und mit der Wurst vermengen. So viel Zigeunersauce untermischen, dass der Salat gut abgebunden ist. Mit dem grünen Pfeffer bestreuen.

# Thunfischsalat

- 8 EL Dillessig
- Salz
- Zucker
- 1 Lorbeerblatt
- je 1 EL Senfkörner und Koriandersamen
- 2–3 Dosen Thunfisch im eigenen Saft
- 2 große Zwiebeln
- 3–4 Senfgurken
- Dill nach Belieben
- Zitronenmelisse nach Belieben

Den Essig mit 2 Esslöffeln Wasser, Salz Zucker und den Gewürzen aufkochen und süßlich abschmecken. Thunfisch in einem Sieb abtropfen lassen. Zwiebeln schälen und fein würfeln. Senfgurken in Streifen schneiden. Thunfisch, Zwiebeln und Gurken lagenweise in eine flache Schüssel füllen. Die Marinade durchseihen. Kräuter waschen, trockentupfen, die Blättchen abzupfen, fein hacken und unter die Marinade rühren. Über den Salat gießen und zugedeckt mindestens 1 Stunde durchziehen lassen. Vor dem Servieren den Salat vorsichtig umrühren und überschüssige Marinade abgießen.

🐾 Der Salat lässt sich prima am Vortag vorbereiten.

# Obstsalat

Ob Sie nun Obst pur oder als Salat essen, das spielt keine große Rolle. Wichtig ist, dass Sie Ihr Defizit an Vitaminen und Mineralstoffen ausgleichen.

- *2 Kiwis*
- *2 Orangen*
- *2 Pfirsiche*
- *250 g kernlose Weintrauben*
- *2 Äpfel*
- *1 Birne*
- *2 Bananen*
- *Saft von 1 Zitrone*
- *100 ml Apfelsaft*
- *1 EL Zucker*
- *1 TL Vanillezucker*

Kiwis, Orangen und Pfirsiche schälen und würfeln. Weintrauben waschen und von den Stielen zupfen. Äpfel und Birne schälen, vom Kerngehäuse befreien und würfeln. Bananen schälen und in Scheiben schneiden. Zitronensaft, Apfelsaft, Zucker und Vanillezucker verrühren und sofort über das zerkleinerte Obst gießen. Vorsichtig vermengen und zugedeckt kühl stellen. Dazu ganz nach Belieben geschlagene Sahne, Eis, mit Milch glatt gerührten, gesüßten Quark oder Nuss-Krokant reichen.

🐾 Reichern Sie den Salat mit dem gewürfelten Fruchtfleisch einer sehr reifen Galia-Melone an.

# WÄRM DEN MAGEN MIT SUPPEN UND EINTÖPFEN

Zum Ausklang eines feucht-fröhlichen Abends, aber auch zum Katerfrühstück sehnt man sich häufig nach einer kräftigen warmen Suppe. Sie soll verlorene Energien zurückbringen, von innen aufwärmen und den dicken Kopf verschwinden lassen.

## käse-Pfeffer-Suppe

- 2 Stangen Lauch
- 1 große Zwiebel
- 40 g Butter
- 2 EL Mehl
- 1 1/2 l Gemüsebrühe (evtl. Instant)
- 1/8 l Sahne
- 200 g Sahneschmelz-käse
- 2 EL grüner Pfeffer mit der Einlege-flüssigkeit
- gehackte Petersilie

Den Lauch und die Zwiebel putzen und in feine Ringe schneiden. In Butter hell anschwitzen, das Mehl darüber stäuben und mitschwitzen, ohne dass es Farbe annimmt. Mit Brühe ablösen, umrühren und 5–10 Minuten köcheln lassen. Die Sahne einrühren. Den Schmelzkäse in der heißen Suppe auflösen und den Pfeffer samt Einlegeflüssigkeit zugeben. Mit Petersilie bestreuen und servieren.

🐾 1 Glas Weißwein verfeinert den Geschmack der Suppe.

# Herzhafte Hühnerbrühe

- *1 Suppenhuhn*
- *Salz*
- *1 Zwiebel*
- *1 Möhre*
- *1 Stange Lauch*
- *frisch gemahlener Pfeffer*

Das Suppenhuhn mit 2 Litern gesalzenem Wasser zum Kochen bringen und 1 1/2 Stunden nur leise köcheln lassen. Inzwischen Zwiebel und Möhre schälen und vierteln, Lauch putzen und in fingerlange Stücke schneiden. Das vorbereitete Gemüse nach knapp 1 Stunde in die Brühe einlegen und gut 1/2 Stunde mitkochen lassen. Nach Ende der Garzeit sollte das Fleisch so gar sein, dass es von den Knochen fällt. Die Brühe durch ein Sieb seihen und kräftig mit Salz und Pfeffer abschmecken.

🐾 Wenn Sie die Brühe abends servieren wollen, schneiden Sie das Fleisch klein und erwärmen es in der Suppe. Auch andere Einlagen wie Spargelköpfe, Blumenkohlröschen oder Eierstich vervollständigen das Gericht.

🐾 Einen Teil der Brühe in den Kühlschrank stellen und am nächsten Morgen entfetten. Sie können sie z.B. für den "Bull Shot" (Rezept S. 18) verwenden.

# Sanftes Zitronensüppchen

- 2 Stangen Lauch
- 1 EL Mehl
- 2 unbehandelte Zitronen
- Hühnerfleisch nach Belieben
- 40 g Butter
- 1 1/2 l Hühnerbrühe (Rezept siehe S. 49)
- 100 g Sahneschmelzkäse
- 200 ml Weißwein
- 1 Becher Crème fraîche
- 1 TL getrockneter Estragon
- 1/2 TL Lemonpepper
- 2 TL grüner Pfeffer
- 1/8 l Sahne
- 1 Prise Salz
- einige kleine Blättchen Zitronenmelisse

Den Lauch putzen und die grünen Abschnitte entfernen. Die weißen Teile in schmale Ringe schneiden und im Mehl wälzen. Die Schale von 1 Zitrone abreiben und beide Früchte auspressen. Nach Belieben das Hühnerfleisch fein würfeln und beiseite stellen.

Die Butter in einem Topf erhitzen. Den Lauch darin kurz anbraten, mit Brühe ablöschen und 2 Minuten köcheln lassen. Den Schmelzkäse zugeben und schmelzen lassen. Zitronenschale und -saft, Wein, Crème fraîche und Gewürze unterrühren. Das Hühnerfleisch einlegen und in der Suppe erwärmen. Sahne schlagen und leicht salzen. Die Suppe in Suppenteller oder -tassen füllen. Jeweils mit einem Sahnetupfer und einem Melisseblättchen garnieren.

# Serbische Bohnensuppe

- 250 g getrocknete weiße Bohnenkerne
- 250 g geräucherter Bauchspeck
- 4 Stangen Lauch
- 2 Zwiebeln
- je 1 rote und 1 grüne Paprikaschote
- Salz
- 2 Lorbeerblätter
- 6 Wacholderbeeren
- 3 Gewürznelken
- 10 Pfefferkörner
- 1/2 TL getrockneter Majoran
- Paprikapulver
- 1/2 Ring Fleischwurst mit Knoblauch
- 4 gut abgehangene Mettwürstchen

Die Bohnen über Nacht in 2 Litern Wasser einweichen. Am nächsten Tag den Speck in feine Würfel schneiden. Lauch putzen, Zwiebeln schälen, Paprika von Stielansatz, Samen sowie Scheidewänden befreien und alles Gemüse fein würfeln. Die Bohnen in dem gesalzenen Einweichwasser zum Kochen bringen und ca. 1 Stunde bei mittlerer Hitze köcheln lassen.

In einer Pfanne den Speck anbraten, das Gemüse zugeben und kurz darin andünsten. Den Pfanneninhalt zusammen mit den Gewürzen zu den Bohnen geben und weitere 45 Minuten köcheln lassen. Fleischwurst häuten und würfeln, Mettwürstchen in ca. 1 Zentimeter dicke Scheiben schneiden. Beides während der letzten 10 Minuten in dem Eintopf erwärmen.

# Chili con Carne

- 250 g getrocknete braune oder rote Bohnen
- Salz
- 500 g Rind- oder Kalbfleisch
- 1 EL Mehl
- 3 Zwiebeln
- 1 Stange Lauch
- 2 kleine Möhren
- 3 EL Öl
- 2 Chilischoten
- Chilipulver
- Paprikapulver
- frisch gemahlener Pfeffer
- 250 g Tomaten

Die getrockneten Bohnen über Nacht in 1 Liter Wasser einweichen. Am nächsten Tag in einem Topf mit dem gesalzenen Einweichwasser zum Kochen bringen und 45 Minuten bei mittlerer Hitze köcheln lassen.

Inzwischen das Fleisch waschen, trockentupfen, in mundgerechte Stücke schneiden und in Mehl wenden. Zwiebeln schälen und fein hacken. Lauch putzen und in dünne Ringe schneiden, Möhren putzen und in feine Scheiben schneiden.

Das Öl in einem Topf erhitzen, Fleisch und vorbereitetes Gemüse kräftig darin anbraten. Bohnen samt Kochwasser zugeben. Etwa 1 Stunde bei mittlerer Hitze köcheln lassen.

Chilischoten halbieren, von Stielansatz, Samen sowie Scheidewänden befreien und fein hacken. Das Chiligericht scharf mit Chilischoten, Chili-, Paprikapulver und Pfeffer würzen. Tomaten blanchieren, vom Stielansatz befreien, häuten, achteln und kurz im Eintopf erhitzen.

# Andalusisches Gazpacho

- *2 Scheiben altbackenes Toastbrot*
- *1 kg reife Tomaten*
- *2 rote Paprikaschoten*
- *1 kleine Zwiebel*
- *2 Knoblauchzehen*
- *1 EL Sherryessig*
- *6 EL kaltgepresstes Olivenöl*
- *1/2 Brühe (evtl. Instant)*
- *Salz*
- *Lemonpepper*

Für die Garnitur:
- *1 rote Paprikaschote*
- *2 Tomaten*
- *2 hart gekochte Eier*
- *1/2 Salatgurke*
- *100 g gekochter Schinken*
- *2 Scheiben Toastbrot*
- *2 EL Butter*
- *Eiswürfel*

Das Toastbrot in Wasser einweichen und ausdrücken. Tomaten blanchieren, häuten, vom Stielansatz befreien und über einem Sieb aushöhlen, den Saft dabei auffangen und beiseite stellen. Die Paprikaschoten halbieren, von Stielansatz, Samen sowie Scheidewänden befreien. Mit der Haut nach oben unter den Grill legen und so lange grillen, bis die Haut schwarz wird und Blasen wirft. Die Haut abziehen. Die Zwiebel schälen und halbieren. Den Knoblauch schälen und zerdrücken. Die vorbereiteten Zutaten in einem Mixer pürieren. Beiseite gestellten Tomatensaft, Essig, Öl und Brühe nach und nach dazugießen. Die Suppe zugedeckt im Kühlschrank durchkühlen lassen. Danach sollte sie eine dickflüssige Konsistenz aufweisen. Mit Salz und Lemonpepper pikant abschmecken.

Für die Garnitur Paprika putzen, Tomaten vom Stielansatz befreien, Eier pellen und Salatgurke nach Belieben schälen. Alles fein würfeln und wie den gewürfelten Schinken separat in Schälchen zur Suppe servieren. Das Toastbrot würfeln, in der Butter kross braten und ebenfalls in ein Schälchen füllen. Die Suppe mit Eiswürfeln servieren.

# kalte Gurkensuppe

Diese russische Suppe wirkt bei einem Kater, heißem Wetter und Bluthochdruck wahre Wunder.

- *1 große Salatgurke*
- *2 Tomaten*
- *1 Zwiebel*
- *1–2 Knoblauchzehen*
- *1/2 kleine Fenchelknolle*
- *100 g gekochter Schinken oder 200 g gekochte, gepulte Krabben*
- *2 hart gekochte Eier*
- *500 g cremig gerührter Naturjoghurt*
- *1/4 l Buttermilch*
- *1/4 l Sahne*
- *1/2 l geeiste Hühnerbrühe (evtl. Instant)*
- *Saft von 2 Zitronen*
- *Salz*
- *frisch gemahlener weißer Pfeffer*
- *1 EL roter Pfeffer*
- *1 EL scharfer Senf*
- *2 Bund Dill*
- *einige Eiswürfel*

Die Gurke schälen, halbieren, die Kerne herausschaben und das Fruchtfleisch in sehr feine Würfel schneiden. Tomaten blanchieren, vom Stielansatz befreien, häuten, halbieren und das Fruchtfleisch ebenfalls fein würfeln. Zwiebel und Knoblauch schälen und sehr fein hacken. Fenchelknolle putzen und fein würfeln, das Fenchelgrün beiseite legen. Schinken in feine Streifen schneiden bzw. Krabben abspülen und trockentupfen. Eier pellen und hacken. Joghurt, Buttermilch, Sahne und Brühe im Mixer schaumig aufschlagen, den Zitronensaft einlaufen lassen. Die Mischung über die vorbereiteten Zutaten gießen und umrühren. Mit Salz, beiden Pfeffersorten und Senf würzen. Zugedeckt kühl stellen. Dill und Fenchelgrün waschen, trockentupfen, abzupfen und fein hacken. Die Suppe in Suppentellern anrichten. Eiswürfel darin verteilen und nach Belieben mit gehackten Kräutern bestreuen.

 Dazu Baguettescheiben reichen, die mit etwas Olivenöl beträufelt wurden.

# Pariser Zwiebelsuppe

Nicht umsonst aßen früher in den Pariser Markthallen die übernächtigten "Zecher" in den Morgenstunden gerne diese Suppe.

- *500 g Gemüsezwiebeln*
- *20 g Butter*
- *Salz*
- *frisch gemahlener Pfeffer*
- *1 l Gemüsebrühe (evtl. Instant)*
- *4 Scheiben Toastbrot*
- *geriebener Parmesan*

Die Zwiebeln schälen und in feine Ringe schneiden. Die Butter in einem Topf erhitzen und die Zwiebelringe darin anschwitzen, mit Salz und Pfeffer würzen. Die Brühe zugießen und 5 Minuten köcheln lassen. Aus den Toastscheiben Deckel für feuerfeste Suppentassen ausstechen, die etwas kleiner sein sollten als deren Öffnung (das Brot quillt in der Suppe noch etwas auf). Das Brot sehr hell toasten und mit Parmesan bestreuen. Die Suppe in die Suppentassen füllen, die Toastscheiben obenauf legen und unter dem Grill knusprig braun überbacken.

Wie sagt der Saarländer so treffend?
"Schon eine Zwiwwelsupp allän,
helft manschem Kranke off die Bähn"
– auch dem vom Kater Heimgesuchten.

# Deftige Suppe mit Gyros

Für 8 Personen

- *6 große Zwiebeln*
- *3 EL Butter*
- *500 g Gyros (fertig gewürzt vom Metzger)*
- *ca. 1/2 l Rotwein*
- *1/4 l Sahne*
- *1 EL Tomatenketchup*
- *800 g braune Champignons*
- *3 Knoblauchzehen*
- *3 Tomaten*
- *2 l Brühe (evtl. Instant)*
- *Saft von 1 Zitrone*
- *2 EL Sahneschmelzkäse*
- *1 EL grüner Pfeffer*
- *2 EL Pflaumenmus*
- *Salz*
- *frisch gemahlener Pfeffer*

Die Zwiebeln schälen und grob hacken. 2 Esslöffel Butter in einem Topf erhitzen und die Hälfte der Zwiebeln sowie das Fleisch kräftig darin anbraten. Mit dem Rotwein ablöschen und 40 Minuten garen; danach sollte das Fleisch weich sein. Sahne und Ketchup einrühren und bei Bedarf noch etwas Rotwein zugießen. Inzwischen die Pilze putzen und grob würfeln. Knoblauch schälen und hacken. Tomaten blanchieren, vom Stielansatz befreien, häuten und vierteln.

In einem zweiten Topf die restliche Butter erhitzen und darin die übrigen Zwiebeln und die Pilze braun braten. Knoblauch und Tomaten zugeben. Etwas köcheln lassen, mit Brühe ablöschen und einige Minuten weiterköcheln lassen. Das fertig gegarte Gyros in die Suppe einrühren. Zitronensaft, Schmelzkäse, grünen Pfeffer und Pflaumenmus zugeben und kurz mitköcheln lassen. Vor dem Servieren noch einmal kräftig mit Salz und Pfeffer abschmecken.

# Berliner kartoffelsuppe

- 750 g Rindermark-
  knochen
- 200 g geräucherte
  Speckschwarten
- 1 Zwiebel
- 125 g durchwachsener
  geräucherter Bauchspeck
- 1 Stange Lauch
- 1/2 Knolle Sellerie
- 1 Möhre
- 1 kg mehlig kochende
  Kartoffeln
- 50 g Butter
- 1 Lorbeerblatt
- Salz
- frisch gemahlener
  Pfeffer
- frisch geriebene
  Muskatnuss
- 1 EL gehackte Petersilie
- geröstete Weißbrotwürfel

Die Knochen und die Speckschwarten
in 1 1/2 Litern Wasser zum Kochen bringen und 2 1/2 Stunden köcheln lassen.
Inzwischen die Zwiebel schälen und wie
den geräucherten Speck würfeln. Lauch
putzen und in Ringe schneiden. Sellerie,
Möhre und Kartoffeln schälen und würfeln. Die Butter in einem großen Topf erhitzen und den Speck darin auslassen.
Zwiebel, Lauch, Sellerie und Möhre zugeben und andünsten. Kartoffeln zufügen
und nur kurz mitdünsten. Die Knochen-
brühe durch ein Sieb seihen und angießen, Lorbeerblatt zugeben und die Suppe
salzen und pfeffern. Kochen lassen, bis
die Kartoffeln zerfallen sind. Lorbeerblatt
entfernen. Einlagen mit dem Stampfer
zerdrücken, sodass eine sämige Suppe
entsteht, mit Muskat würzen. Mit Petersilie bestreuen. Die gerösteten Weißbrotwürfel separat dazu servieren.

# Ungarische Gulaschsuppe

- 200 g Rindfleisch
  (ohne Knochen)
- 1 Zwiebel
- 1 Knoblauchzehe
- 2 EL Schweineschmalz
- scharfes Paprikapulver
- 1/2 l Fleischbrühe
  (evtl. Instant)
- Salz
- schwarzer Pfeffer
- Kümmel
- Majoran
- 1 Kartoffel
- 1/2 rote Paprikaschote
- 1 Tomate
- 1 Peperoni aus
  dem Glas
- 1/2 Tasse Rotwein

Das Rindfleisch waschen, trockentupfen und in Würfel schneiden, dabei alle Sehnen und Häutchen entfernen. Die Zwiebel und den Knoblauch schälen und klein schneiden.

Schmalz in einem Topf erhitzen und das Fleisch darin unter ständigem Wenden etwa 10 Minuten kräftig anbraten, mit Paprikapulver bestreuen. Zwiebel und Knoblauch zugeben und etwa 5 Minuten mitbraten. Die Fleischbrühe angießen. Mit Salz, Pfeffer, Kümmel und Majoran kräftig würzen und zugedeckt bei geringer Hitze etwa 50 Minuten kochen.

Kartoffel schälen, waschen und in feine Würfel schneiden. Die Paprikaschote waschen, von Stielansatz, Samen sowie Scheidewänden befreien und ebenfalls würfeln. Die Tomate in kochendem Wasser blanchieren. Häuten, entkernen, würfeln und dabei den Stielansatz entfernen. Die Peperoni entkernen, klein schneiden und mit den Kartoffel-, Paprika- und Tomatenwürfeln zur Suppe geben. Weitere 30 Minuten bei geringer Hitze köcheln lassen.

Die Suppe vom Herd nehmen, nochmals abschmecken und den Wein einrühren.

# Fischsuppe von der Nordsee

- *1 großer zersägter geräucherter Schinkenknochen*
- *2 Zwiebeln*
- *1 Möhre*
- *1 Stange Lauch*
- *2 Tomaten*
- *250 g Fischfilet (z.B. Schellfisch, Kabeljau, Rotbarsch)*
- *150 g gekochte und gepulte Krabben*
- *Saft von 1/2 Zitrone*
- *100 g gekochtes Muschelfleisch*
- *Salz*
- *frisch gemahlener Pfeffer*
- *gehackte Petersilie*

Den Schinkenknochen waschen und trockentupfen. Mit 1 1/2 Litern Wasser zum Kochen bringen und 1 1/2–2 Stunden bei mittlerer Hitze köcheln lassen. Den Knochen herausnehmen. Inzwischen die Zwiebeln schälen und würfeln. Die Möhre putzen und ebenfalls würfeln. Den Lauch putzen und in Ringe schneiden. Die Tomaten blanchieren, vom Stielansatz befreien, häuten und das Fruchtfleisch würfeln. Fisch und Krabben waschen und trockentupfen. Die Filets mit Zitronensaft beträufeln. Zwiebeln, Möhre und Lauch in die Brühe einlegen und 10 Minuten mitgaren, danach die Hitze reduzieren. Fisch, Krabben und Muscheln einlegen und 10 Minuten in der Brühe gar ziehen lassen, mit Salz und Pfeffer würzen. Die Tomatenwürfel nur kurz in der Suppe erwärmen. Mit Petersilie bestreut servieren.

# REZEPTE·VERZEICHNIS